Erika Grazi

Poesia
Olistica

FELICITA' IN RIMA

Erika Graziano
Poesia Olistica - Felicita' in Rima

I Edizione Novembre 2023

Ti dedico a me stessa.
Ringrazio, ogni giorno, per averti
finalmente conosciuto.
Vivere il dono della vita, con la consapevolezza,
di esserne l'unica artefice, non ha prezzo.

Biografia

Mi chiamo Erika Graziano, sono nata a Roma, nel 1983.
L'età potete immaginarla. Ho sempre amato scrivere, ma per molto
tempo, ho abbandonato questa pratica, per insicurezza, per paura di n
avere nulla di interessante da comunicare. Poi la mia vita ha preso un
strana piega, ed ho iniziato, da qualche mese, ad occuparmi di
Comunicazione positiva , ed il mio unico scopo, è aiutare le persone, a
uscire dal vortice della sofferenza autoindotta. Mi piaceva l'idea, che
messaggio fosse forte, ma semplice, alla portata di chiunque. Fino a se
mesi fa avevo un locale, fino a 3 mesi fa lavoravo nel locale, poi mia
madre ha rischiato di andarsene, noi siamo cresciute insieme, sole, e
l'idea di essere orfana mi distruggeva, nonostante la mia, non più tene
età. Ma grazie al percorso intrapreso, sono riuscita a gestire il dolore,
ricavarne un enorme insegnamento, ed a trovare un nuovo stimolo pe
rinascere. Se volete saperlo, mia madre sta benissimo. Adesso sento
quest'esigenza di comunicare, e mi auguro, qualcuno,
condivida questo mio pensiero.

Introduzione

on so se sia normale, fare l'introduzione, ad un libro di poesie.
Ma io, una spiegazione di questo libro, la voglio dare,
nonostante sia di semplice comprensione.
Quando la vita ti da' limoni, sappi, che puoi farci un milione di
cose, vai su Google e cerca.
questo è un pò il senso, imparare a ballare sotto la pioggia, è il
rimo passo verso la consapevolezza, e quindi verso la felicità.
Non siamo ciò che ci accade, non siano i nostri pensieri, non
amo il nostro passato. Siamo ciò che costruiamo ogni giorno,
ed ogni giorno, tutto è possibile.
e lasciamo che i sentimenti negativi, che le idee preconcette,
il giudizio degli altri, limitino la nostra capacità di volare,
stiamo scegliendo, autonomamente,
di perdere, al gioco della vita.
mi sono impegnata, con l'umanità. Ho deciso, che almeno, ci
voglio provare, a portare un pò di serenità, di empatia, di
consapevolezza. Il termine consapevolezza viene dal Sati, e
uol dire vivere il momento. Cercare di posizionare la nostra
attenzione, sempre, sul qui ed ora.
ccedere al segreto per una vita felice, equivale ad iniziare un
aggio. Un viaggio dentro noi stessi, con noi stessi, un viaggio
finito, di continua evoluzione. Mai come in questo momento,
i sento di dirvi, che la vera serenità, la troverete nel viaggio, e
non nella meta.

Due Frecce

Delle due frecce, ti spiegherò la teoria,
Come si incontrano nel crocevia.
Buddha diceva che la prima non puoi evitare,
Ed il dolore devi accettare,
Ma se tu il dolore moltiplichi per cento,
ti crogioli nel tormento,
la vittima non smetti di fare,
E tutti quanti fai preoccupare,
Ecco lì, che il cecchino è pronto,
E la seconda freccia viene a chiedere il conto,
Ma come,Chi ha tirato la seconda?
È il fautore di tanta baraonda!
Suvvia, chi è il meschino?
L'autore di tanto casino!
Ma, avrà un volto questo spauracchio?
Si certo, basta guardarti allo specchio!
Quindi sarei stato io, a procurarmi tanto dolore?
Più del doppio, e con tanto fervore.
La prima freccia, non potevi evitare,
Ma tutte quelle lagne, dovevi placare,
La vittima, ha un ruolo ben definito,
Quasi sempre, finisce punito,
E del dolore, vero o presunto,
Viene omaggiato, senza il suo disappunto.
Così che possa in eterno lagnarsi,
E le lacrime sugli altri asciugarsi.
Se invece del dolore, avessi fatto lezione,
E non gli avessi concesso, tutta questa attenzione,
La seconda freccia avresti evitato,
Ed il male, ridimensionato.

Attraverso i miei occhi

Vorrei che tu potessi guardarti con i miei occhi,
Che a differenza dei tuoi, non sono sporchi,
Perché i miei, vedono attraverso le barriere,
Che hai alzato, perché nessuno possa vedere,
Quanto di meraviglioso, hai nascosto dentro,
Sta lì, accantonato, tutto al centro,
Così che ad una prima occhiata sia nascosto,
Lo hai scelto bene, come posto,
Ed a guardia hai messo una belva feroce,
Con 1000 denti, ad occhio e croce,
Ogni dente rappresenta una paura,
Qualcuno un'insicurezza, altri una figura scura,
Qualcuno che ti ha fatto soffrire,
E che, a modo tuo, hai voluto seppellire.
Ed alcuni pensano, tu sia incolore,
Ma io lo sento, il tuo dolore,
Quello che non hai saputo elaborare,
E che alla fine, ti ha fatto tracimare.
Ma con i miei occhi, io riesco a vederti,
Vedo come sei, e come puoi sentirti,
Vedo come potrebbe essere la tua vita,
Se a quel dolore, dessi una via d'uscita.
Non lo devi trattenere, nè nascondere,
Non lo puoi mettere a tacere,
Ma solo guardarlo,
E senza esitazione accettarlo,

Poi chiedergli gentilmente,
Di lasciarti dolcemente,
Tenendo con te solo l'insegnamento,
Che ogni male ha il suo momento,
Ed una volta che la lezione hai imparato,
Puoi dare inizio, al suo commiato.

Empatia

Sai cos'è l'empatia?
No, non è una malattia
Che dici? Una fobia?
No, te lo spiego in poesia.
È una predisposizione,
Non per tutti, fai attenzione.
Succede quando degli altri senti,
Dolori, gioie e turbamenti.
Quando ti approcci senza giudizio alcuno,
E preconcetti, non ne hai nessuno,
Perché bada bene, essere in empatia,
Vuole dire suonare la stessa armonia,
Che può essere triste e malinconica,
O allegra ed euforica,
Ma in ogni caso, e senza esitazioni,
Provare compassione per le altrui emozioni.
Capire al volo, quando inizia il turbamento,
E non viverlo con rabbia e sgomento,
Perchè stai provando le stesse sensazioni,
E dai un motivo, alle sue reazioni,
Che attenzione, non equivale a sottomissione,
Ma semplicemente a comprensione,
E vivendo l'altrui dolore,
Non scatenerà in te tanto clamore,
Riconoscerai te in lui, e capirai così,
Cosa vuol dire, mettersi nei panni dì.

Meravigliosa Imperfezione

Siamo pieni di difetti,
Schemi triti e preconcetti,
Abbiamo le nostre percezioni,
I nostri disagi, le nostre afflizioni...
Ci basiamo, su una visione del mondo,
Come tutt'altro che tondo,
Vediamo spigoli, e linee spezzate,
Per qualcuno è piatto, ed altre cazzate...
Ma qualcuno, si è mai chiesto,
Chi ci ha inculcato tutto questo?
Forse qualcuno, ha mai assaporato la perfezione?
Non mi sembra, non se ne fa menzione.
Per caso, qualcuno, della sua anima ha percezione?
Non credo proprio, sarebbe una finzione.
E allora, dove sta la differenza tra bene e male?
Sta nel cuore, coperta di sale.
Sale? Ma cosa stai dicendo?
Dico che a volte, si piange ridendo,
Perché qualcuno dice, che è una pratica da bambini,
Stolti, codardi ed affini.
E chi lo avrebbe deciso questo?
Beh, della vita, è il sottotesto.
A volte si giudica, per non rivelare,
Quanto anche noi, vorremmo volare,
Ma i piedi per terra ci hanno incollato?
Chi è stato?
Le nostre abitudini, le nostre convinzioni,
Le credenze limitanti e le percezioni,
Giudichiamo gli altri, per un po' di conforto,

Perché odiamo l'idea, di avere torto,
Di aver perso tempo, ad essere immatricolati,
Tutti uguali, per non essere emarginati,
Ma alla fine della fiera,
La parte nostra, quella più vera,
Quella più pura e reale,
Sta nascosta li, sotto uno strato di sale.

Buoni Amici

Non avere la pretesa di piacere a tutti, mai,
Perché tanto, te lo dico, non ci riuscirai.
E ringrazia il destino, se non accade,
Perché spesso, su questo scalino si cade,
Con la brama di essere da tutti amato,
Perdi il senso di ciò che hai creato,
Perdi la strada che stavi costruendo,
Per piacere a qualcuno, che ti sta compiacendo,
Ma chi ti ama, intenso, davvero,
Non ti vuole a metà, ma solo per intero,
Non vuole cambiarti, non ti immagina diverso,
E se fosse, meglio averlo perso,
Perché avere intorno la folla,
ti fa sentire come in una bolla,
Sembra che nessuno ti possa ferire,
Perché hai gente intorno, ad attutire,
E se poi, quando cadi, tutti se ne vanno,
Lo fanno grosso il danno.
Ma se invece della folla, hai 3 persone,
Ma ti assicuri, che siano quelle buone,
Faranno in modo, e maniera,
Di esser lì, a far da mongolfiera,
Per recuperarti mentre stai cadendo,
E magari, anche sorridendo,
Senza che tu abbia il dubbio, mai,
Di essere solo, insieme ai tuoi guai.

Amati

Ognuno crede di poter amare,
Senza di sé sapersi curare .
Amico mio ,te lo dico in rima,
Non esiste amore senza autostima.
Se per primo, il sentimento per te, non conosci,
Non c'è possibilità di prendere pesci,
Perché non hai proprio concezione,
Di quale sia la sensazione,
Visto che l'amore, è a doppia corsia,
Ciò che doni, poi, porti via,
Se così non fosse, sarebbe passione,
O mera sottomissione.
Siamo fatti per amare gli altri ,incondizionatamente,
Ma anche noi stessi, intensamente,
Non deve passare giorno, ora o secondo,
Senza rispetto, per noi, profondo,
Non può esserci luna crescente,
Che non ci veda risplendere, immensamente,
Non deve esserci tramonto,
Che su questo ci faccia sconto.
E se continui sulla strada opposta,
Che la verità ti sia nascosta,
Perché sarebbe tremendo
svegliarsi con la consapevolezza,
Che non era amore, ma solo una fortezza,
Dove speravi restasse qualcuno,
Anche quando non c'era nessuno,
E tu imperterrito, continuavi ad amare,
Perché a te stesso, non sapevi bastare.

Consapevolezza

Se la consapevolezza non sai cosa sia,
Te la spiego con ironia.
Ogni giorno, tu pensi di vivere sereno,
Ma poi l'ansia ti affligge in un baleno,
La paura del domani ti sconvolge,
Mentre lo stress ti avvolge,
Inizi a pensare,
che non hai da cucinare,
E poi il prossimo anno,
Potrebbe venirmi un malanno,
Ma se domani la macchina non partisse?
E se una gomma si sgonfiasse?
Delle vacanze, il ricordo mi attanaglia,
Chissà, se ho lavato la tovaglia...
Così, tutta presa a pensare ad altre cose,
A lamentarti, delle future giornate uggiose,
Non lo vedi neanche il tuo presente,
E ti sfugge, perché sei assente.
Se invece tu fossi qui, proprio ora,
Vedresti dove l'anima dimora,
Non è nel passato, e neanche nel futuro,
Solo il presente, è un posto sicuro.
Perché non accade nulla di immaginario,
Ed i ricordi, non modificano lo scenario,
Semplicemente, stai creando una nuova certezza,
Di vivere la vita, con consapevolezza.

In Principio

In principio fu l'amore,
Ancora non esisteva il dolore,
Dall'amore, nacquero gioia e compassione,
Che allargarono, del mondo, la visione.
Da questi ultimi due, per magia,
Volubilità ed inclusività presero il via.
Ma mentre inclusività, dei sentimenti positivi,
continuò la progenie,
Volubilità, si annoiava,
di sentire tutte queste nenie,
Così smielate e noiose,
Rendevano le giornate faticose,
Ed allora, da lei nacquero noia e rabbia,
Che chiusero volubilità in una gabbia,
Così che, non cambiasse opinione,
Non era estranea, a questa mansione.
Ed invitarono alla festa, dolore e frustrazione,
Che fecero furore, in questa situazione,
Ma la verità è, che nessuno gli diede peso,
Nessuno si sentì offeso,
Può succedere, di sentirsi a pezzi,
la rabbia serve, altrimenti diventeremmo pazzi,
Ogni nostro sentimento negativo,
Serve a mettere in luce, il fratello più obiettivo,
Quello che conosce bene, come funzionano le cose,
Non sono mai tutte rose,
Il buio serve, per avere la luce,
E la noia, la fantasia produce,
La tristezza, per quanto soggettiva,
Non è solo, una compagna cattiva,

Ci aiuta a capire, quando invece siamo felici,
E del sorriso i benefici.
Per la paura sai, non c'è spiegazione,
Perché è tutta, una mera illusione,
Di un mondo immaginario, da noi creato,
E chi lo capisce, dorme beato.
Così, da sempre, l'uomo convive con questa baraonda,
E si lancia da sponda a sponda,
Poi un giorno, trova l'equilibrio, ne trae beneficio,
E comprende il sacrificio,
Tutta la gamma doveva provare,
Per poter, un giorno, di nuovo, respirare ♥

Specchi

Amare se stessi,
Non vuole compromessi,
Bisogna guardarsi e piacersi,
E mai inadeguati sentirsi .
Tu mi dirai, mica è così facile,
Non mi sento così agile,
Da evitare il giudizio della mente,
E col cuore restare coerente.
Ma io ti rispondo, che è questione di priorità,
Non di velleità .
Se felice vuoi vivere,
Con lo specchio devi convivere,
Non solo, con quello attaccato al muro,
Ma con quello dell'anima, che è più duro,
Perché le tue credenze,
ed esperienze, lo hanno creato,
E lui se ne sta lì, beato,
Ad instillare sensi di colpa e frustrazioni,
Paure poi, milioni...
Quindi tu, se lo vuoi fregare,
Ti devi ammirare, lodare ed amare,
Sempre, nonostante tutto, così come sei,
Fallo per la tipa nello specchio, fallo per lei,
Accetta di buon grado, ogni segno del tempo,
Non lasciare che l'imperfezione, sia un tormento,
Un po' di ciccia sui fianchi?

Amala, finché non ti stanchi.
Perché solo se non hai più a cuore il traguardo,
e l'obiettivo non è più un'ossessione,
Otterrai ciò che vuoi, con le buone,
Perché la testa è un potente mago,
Anche se ora non divago,
Ma insomma basta un pensiero d'amore,
Un messaggio dritto al cuore,
Che lui si convince della situazione,
E l'obiettivo e già in posizione.

Dona le Ali

Ti amo e ti sostengo,
Perché un po' io ti appartengo,
Ogni tua vittoria è la mia,
Se lo negassi, direi una bugia,
Spero mai accadrà, nella vita,
Di gioire, per una tua ferita ,
Perché allora si, avrei perso tutto,
La mia dignità soprattutto,
Perché quando dico amore,
Non è una parola, né un odore,
Non ha un gusto per me, né un suono,
Altrimenti, sai che frastuono.
Non si può amare poco o tanto, non c'è mediazione,
Come si quantifica un'emozione?
Puoi imparare a placarlo, se non corrisposto,
Ma dentro di te, resterà al suo posto,
L'amore per un figlio poi, non è che lo definisci,
Al solo pensiero impazzisci.
È enorme ed assoluto,
incomprensibile ed incondizionato,
Che ogni suo dolore, si trasforma in tormento,
Ed ogni lacrima, ti crea turbamento,
Se poi è felice, allora tu gioisci,
E come in primavera, rifiorisci,
Ed a volte sono taglienti, i figli,
E tu fai finta di nulla, e sbadigli,
Mentre il cuore si sgretola nel petto,
E da sola piangi nel letto

Ma sai che li hai creati,
Con l'unico scopo di essere amati,
E non, per farli a tua immagine e somiglianza,
Ma solo, per accompagnarli in questa danza,
Che li vuole liberi, da quando nascono,
Sta a te guardarli, mentre crescono,
Senza corde e senza paracadute,
Ma con la mamma, pronta, ad attutire le cadute
Perché alla fine l'amore è questo,
Accorciare la distanza con un pretesto,
Quello di buttarti e prenderli al volo,
Ed evitare l'impatto col suolo.

Figlie Mie

Donne vi ho fatto, e non me ne pento,
Anche se un po' , mi crea turbamento.
In questo contesto, di follia collettiva,
Vi vogliono in gabbia e senza prospettiva.
Vi vogliono belle, ma senza esagerare,
Che poi l'uomo, andate a stuzzicare.
Vi vogliono colte, ma restate modeste,
Onde evitare, ire funeste.
Dovete essere magre, ma dovete mangiare,
Sentirvi sane, ma senza ingrassare.
Vestitevi bene, ma senza malizia,
Scopritevi ora, ma con molta letizia
Non vi è concesso bere,
Nè scoprire il sedere,
Perché se poi lo fate,
beh allora, bimbe mie, ve la cercate.
Non potete esser libere, nell'amore,
Deve esserci un uomo nel vostro cuore.
E se ai piaceri carnali, vi concedete l'abbandono,
Poi non lamentatevi, siete delle poco di buono.
Io invece, bimbe mie, vi chiedo questo,
Anche se per le donne, è un tempo funesto,
Voi per favore, imparate a volare,
Ai pregiudizi, non date valore.
Usate sempre, in tutto, la coerenza,
E non abbiate dubbi, sulla vostra intelligenza,
Sopra a tutto, non abbiate timore,
Di mostrare al mondo, il vostro valore.

23

Se non avete voglia, non vi truccate,
Se vi gira male, esagerate.
Volete la tunica, ed allora sia,
Ma la coscia di fuori, non è una pazzia.
Siate ciò che volete, non conta il mio parere,
Estetista, camionista o ingegnere,
Ed il resto del mondo, non deve fiatare,
E se lo fa, non lo dovete ascoltare.
Romperemo le catene dell' ignoranza,
Basta un po' di costanza,
Se ne faranno una ragione,
Nessuna donna, può vivere in prigione.

Saper Perdonare

Perdono , perdono tutti,
Perché poi, ne coglierò i frutti.
Tanto per iniziare,
Più gente potrò amare,
Lascerò indietro i vecchi rancori,
E riuscirò ad avere sentimenti migliori,
Solo amore e compassione voglio provare,
E tutti i muri far crollare,
Perché tutta quella rabbia,
Sul cuore forma una gran gabbia,
Non gli permette di respirare,
Ed impedisce all'amore di circolare.
Lo faccio per voi, e lo faccio per me stessa,
Perché la rabbia a volte è come una pressa,
Ti comprime e ti sfinisce,
E la tua luce, mano a mano sparisce.
Poi a voi chiedo perdono,
Se ho mancato di qualche dono,
Se a volte sono stata incisiva,
E senza pensare, involontariamente cattiva,
Se per distrazione, vi ho ferito,
E ve la siete legata al dito.
Tutti possiamo inciampare,
Tutto sta, nel sapersi rialzare.
Quindi adesso, vorrei benedire,
Chiunque voglia starmi a sentire,
Auguro al mondo pace e serenità,
Buona salute e felicità.

Perche, se tutti fossimo capaci di perdonare,
Un posto migliore potremmo creare,
Dove sbagliare e' considerato umano,
Ed il perdono non piu' divino.

Tavolozza

Uno dei modi, per esser felice,
È benedire, ogni tua cicatrice
Toccare con mano il dolore,
Ed attribuirgli subito un colore,
Bianco se ti ha prosciugato,
Rosso se ti ha potenziato,
Di un bel verde colorerei la speranza,
Viola di rabbia, tutta la stanza,
Azzurro del colore del cielo,
Quel dolore che sembra un velo,
Sempre lì ,sempre presente,
Non riesci a levarlo dalla mente,
Rosa poi, colorerei gli amori finiti,
E di giallo, i parenti smarriti.
Arancione farei la malattia,
E magenta la melancolía,
Dopodiché procederei con le sfumature,
Ed addolcirei, anche le giornate più dure,
Poi tutti li unirei, a formare un arcobaleno,
Perché dopo la tempesta, viene il sereno,
E la cosa importante, non sarà dimenticarli,
Ma anzi, accettarli, ed amarli,
Se possibile cercare di donare,
Dove qualcosa è venuto a mancare,
Perché dove la ferita è profonda,
Bisogna calarsi, con una sonda,
Ascoltare bene, da dove arriva il lamento,
Anche se questo causa sgomento,
Ma non si può lasciarlo gridare,

Bisogna andar giù, ed aiutare,
Aiutare il cuore, a ritrovare la pace,
Così la mente, si placa, e finalmente tace.

Neuroni

Ora ti spiego che succede,
quando allo stress, noi si cede .
Hai presente cosa accade,
Se la paura ti pervade?
Il tuo cervello, per salvarti,
Manda messaggi contraddittori e distorti,
Il sudore aumenta, il pallore spaventa,
Il cuore impazzisce,
Il respiro si infittisce ,
Il sistema immunitario si schiera,
E per i muscoli è una balera.
Così tu sei pronto a fronteggiare una belva feroce,
Ma in realtà, è un equivoco atroce!
Di belve, non v'è neanche l'ombra,
Perché spesso, non è come sembra,
Un messaggio sbagliato,
Al nostro corpo abbiamo inviato.
A spaventarci è stato il futuro,
Non una belva dal manto scuro,
A preoccuparci è stato il passato,
Mica un leone in agguato,
Ma il nostro cervello, non fa differenza,
Lui si prepara alla partenza,
E se poi da correre non c'è ,
Ovviamente se la prende con te,
E scarica sul corpo tutto il fermento,
causato dal quel finto spavento,
Che a dir suo, potevamo evitare,
Se qui ed ora, imparavamo a restare.

Guarda la Luna

Tutti che cercano la felicità,
Qualcuno la trova, l'altro non ce la fa.
Questo accade però, perché non esiste fortuna,
Ma chi guarda il dito e chi la luna.
Se io ti dico, sono felice di respirare,
E tu mi rispondi, si ma c'è da lavorare
Se io ti dico, guarda che bella giornata,
E tu mi dici, che tua moglie è arrabbiata,
Se io affermo, che il sole splende,
E tu tiri fuori l'ombrello,
perché nulla ti sorprende,
Se poi la natura ti faccio notare,
E mi mostri la bolletta da pagare,
Guarda nel piatto, hai da mangiare,
Ma tu il caviale non puoi comprare,
Ma dai hai una famiglia, non sei contenta,
Ma l'idea di una gabbia, un po' ti spaventa,
Allora ti dico, la vita è una scelta,
Decisioni che prendi di volta in volta,
Alcune volte sembrano sbagliate,
Ma l'universo le ha ben ponderate,
Perché quella cosa dovevi imparare,
E se non capisci, lo dovrai rifare,
Ma se sarai arguto, ed i messaggi capirai,
Una realtà migliore, per te costruirai,
Se poi invece, tutto sembra remarti contro,
Ed ogni giorno, imbronciato, cerchi lo scontro,
Se a tutti mostri il lato peggiore,
E sei sempre di malumore,
Allora certo, non troverai la felicità,
È una questione di priorità.

Caro Diario

Caro diario , oggi ti scrivo ,
Perché un po' di tristezza, nel cuore sentivo...
Ieri l'amore mi ha fatto tremare,
Il cuore in gola, ho sentito arrivare.
Poi stamattina, ci si è messa la testa,
Non sai che dolore, era tutta una giostra.
Nel pomeriggio una bastonata,
È arrivata una multa, alquanto salata.
Che poi, ieri, avevo dimenticato,
Per distrazione, ho tamponato.
Domani ho paura, sarà anche peggiore,
Già sento alla schiena, un forte dolore...
Il diario si chiuse, e si mise a scioperare,
Quante sciagure, doveva ancora ascoltare?
"Senti ragazza, devo proprio sapere,
Mai nulla di buono ,ti può accadere?
Puoi rallegrarti del tuo respirare?
Mica è scontato aver da mangiare,
Una casa sopra la testa,
Dovrebbe essere già una festa.
Quando esci, la vedi la natura?
Mica può essere tutto una tortura.
Passare la vita a lamentarti,
Non ti aiuterà, quando cadrai, a rialzarti.
Se continui ad ignorare la bellezza,
Vivrai solo di paura e tristezza.
Se pensi solo al dolore,
Perdi tutto lo stupore.
Un filo d'erba, il battito d'ali d'una farfalla, il mare,
Non sono cose scontate, da ammirare.

Nessuno vuole ascoltare,
Chi non ha nulla di bello, di cui parlare,
E quando sarai sola e sconsolata,
Non tornare da me, io ti avevo avvisata!

Scorpioni & Pesciolini

Le stelle son fatte di scorpioni e pesciolini,
Basilico, menta,
Amici, sassetti e cagnolini.
Sabbia bianca, sabbia rosa,
Il mare calmo e l'onda spumosa .
Un'isola piena di asinelli,
Vecchie carceri e scorci belli.
L'acqua è sempre cristallina,
Senza indugio, ogni mattina,
e guardarla è un'emozione,
Sempre, ad ogni cambio di stagione.
Io qui decreto, che d'ora in poi
A decidere per me, sarò io, non più voi.
Le consapevolezze fanno così,
Oggi sei qui, domani sei lì .
Isola bella, spero mi perdonerai,
Ti lascio un bel peso, lo sai?
Perché io tra un po' riparto,
Ma non sono più colei,
che sbarcò in quel porto.
Tu mi hai cambiata,
Rigenerata.
Quindi io dono al vento,
Ogni paura ed ogni tormento.
Di questi giorni, solo questo resta:
la gioia, la gratitudine, la festa.
Torno più leggera,
A costruire il mio futuro,

Perché finalmente, ho abbattuto quel muro,
Così alto, da coprirmi la visuale,
Su questa vita meravigliosa, mai banale.
Grazie isola mia, tornerò a trovarti,
Ma stavolta, giuro, senza fardelli da lasciarti.

In Paradiso

Arrivata in paradiso, una voce mi dice,
Vedo sulla tua scheda, che sei stata felice.
Certo rispondo io, me lo sono meritato,
È stato un traguardo duro, molto ho faticato.
Quindi hai passato la tua vita a lavorare?
A che pro? Qui nulla potevo portare.
Allora hai fatto la mamma a tempo pieno?
Evviva gli stereotipi, dai su, anche meno.
Allora forse a Dio, hai dedicato la tua vita?
Mi perdoni, con tutto il rispetto,
però la faccia finita.
E allora cosa hai fatto, di tanto bello?
Beh, intanto, non ho portato alcun fardello,
Il cuore e la mente ho lasciato leggeri,
Non li ho oberati con troppi pensieri,
E non creda che io sia stolto,
Perché ho sofferto molto,
E dopo tanto rimuginare,
Ho capito che qui ed ora dovevo restare,
Perché a guardare al passato,
Si fa reato,
Si vive di memorie e ricordi,
Ed al presente si diventa sordi.
Allora guardavo al futuro,
E tutto si faceva oscuro,
Perché lei lo sa, non v'è certezza,
Ed a pensarci, si prova amarezza,
Si rimugina troppo, si fanno castelli,
Poi la realtà li fa a brandelli.

Sono rimasta sempre nel momento,
Così del futuro, ho evitato il tormento,
e del passato, il lamento.
Non ho ascoltato chi voleva insegnarmi,
Come nella mia vita destreggiarmi,
Ho amato, tutti, intensamente,
Ma l'amore per me, ho sempre avuto a mente.
Quindi si, di essere felice ho meritato,
Ed ora, se si scansa, lo insegno a tutto il creato.

Il Ladro

Se la vita fosse un quadro,
Io di certo sarei un ladro.
Non potrei guardarla solo da lontano,
Me ne innamorerei piano piano.
Vivere senza sarebbe un dolore,
Nessun paesaggio, nessun colore.
Mi avvicinerei, senza destare sospetto,
E poi arrossirei al suo cospetto.
Con tanto amore, e molto rispetto,
La sfiorerei senza farle dispetto.
L'ammirerei per giorni ed ore,
Così vicino da sentirne l'odore.
Poi, un po' per destino,
Con l'emozione che sente un bambino,
Ringrazierei il cielo per questo dono,
E per averla rubata, chiederei perdono.
Ma lui capirebbe la destrezza,
Perché non sopisce la consapevolezza,
Che la vita è una, non si può moltiplicare,
E solo un pazzo poteva esitare ,
Vedendola li, così perfetta e colorata,
Voleva solo essere rapita ed amata .
Gridava "prendimi, ti prego, ti renderò felice,
Se non ti spaventano gli ostacoli,
e qualche cicatrice,
Ti prometto però, che per ognuna di loro,
Avrai un dono, che vale oro.
Non esiste Gioia, senza dolore,

E per ogni salto, ti regalerò un colore.
Se sarai brava, ad accostarli,
Mischiarli e dosarli,
E saprai guardar lontano,
Ecco, proprio lì, lo vedrai,
uno splendido arcobaleno."
La guardai, e le dissi,
" Su, è inutile che mi fissi,
Accetto la sfida e già ringrazio,
Vieni, e prenditi il tuo spazio"
Ora vedremo cosa accade,
Secondo voi, saran rose o saran spade?
Psss...attento a come rispondi,
Che se poi la offendi,
Lei si appiattisce,
Ed il gioco finisce.

Risveglio

Buongiorno sono donna,
mi chiamo Silvia, Maria o Anna
Molte poesie mi han dedicato,
Tanto amore hanno predicato,
canti poemi, sonetti
Alcuni uomini, veramente, sembravan perfetti,
Tanto che spesso ci son cascata,
Ed a volte, di me stessa, mi son scordata,
Troppo presa a fare la moglie perfetta,
ama, pulisci e rassetta.
Poi di figli son diventata incubatrice,
ed improvvisamente son passata da angelo a nutrice.
La mia bellezza sembrava esser perduta,
agli occhi di quell'uomo,
che diceva di avermi tanto amata.
La storia voleva, che io me ne facessi una ragione,
ma nossignore, non era solo quella la mia mansione.
Io sono nata libera,
e voglio scegliere il mio ruolo nel mondo,
madre si, ma anche donna, a tutto tondo.
E vorrei dire a Chiara, Giovanna ed Elisabetta,
che la vera donna, non ha bisogno di essere perfetta.
La donna è forte, grande e meravigliosa,
non per niente è da lei, che nasce ogni cosa.
E ci provano a farci sentire inferiori,
perché hanno capito la verità a posteriori,
che sei noi tutte decidessimo di reagire,
la loro egemonia potrebbe finire.

Non a caso siamo noi, a dare la vita,
perché la donna, anche quando è sfinita,
per la sopravvivenza,
fa appello ai suoi primordiali istinti,
che se fosse dell'uomo questo fardello,
ci saremmo già estinti.

Emma

Se dovessi disegnarti,
Inizierei prima a colorarti,
Non farei margini e confini,
Non si limitano i bambini.
Ti vorrei libera di muoverti e capire,
Dove gli arcobaleni vanno a finire,
Quanti giri fa la giostra, voglio farti scoprire,
E se la luna lassù, sa arrossire,
Cavalli alati, bianconigli e grifoni,
Non li trovi solo nei cartoni.
Fai della tua vita, un carosello,
Dipingila con acrilico e pastello,
Vestiti di scampoli e poesia,
Scopri dove nasce la magia,
La bacchetta magica è lì dentro,
Spostata a sinistra, ma più o meno al centro,
E si attiva ogni volta che sorridi,
Ogni volta che in te stessa tu confidi,
Quando guardi il mondo con ardore,
Quando la vita abbracci con calore.
Se c'è una cosa, che vorrei confidarti,
È la paura, di non aiutarti,
Ad essere sempre così speciale,
Mentre li fuori, ti vorrebbero banale.
Quindi se posso, ti chiedo e ti imploro,
Non ti curare di loro,
Lasciala parlare la gente,
Ti dice che è sbagliato, ma mente,
È solo che hanno smesso di sognare,

Invece tu, tu ce la devi fare,
Dimostrare a tutti che nulla è irraggiungibile,
Vai, e rendi possibile, l'impossibile.

Apparenze

A volte ho pensato, che il mio aspetto,
Facesse torto al mio intelletto,
Mi vedevano carina,
E mi pensavano cretina,
Tanto che alla fine, un po', anche io c'ho creduto,
Sarebbe stato meglio, se la bellezza, avessi perduto,
Quindi la mia testa ha rimuginato,
Ed ha deciso, che la trascuratezza ,mi avrebbe salvato,
Avrebbe salvato la mia intelligenza,
Ed avrei dato, immagine di sapienza,
Ma tanto poco mi sono amata,
Che alla fine son crollata,
E li sul fondo, ho capito,
Che mi avevano mentito.
Il mio aspetto, non mi identifica,
L'intelletto non si mortifica,
Se, oltre a legger libri e studiar nozioni,
Al mio corpo, dedico attenzioni,
È un valore aggiunto alla mia vita,
Non una cosa da fallita.
Nessuno deve sottovalutarti,
Se ti piaci, e vuoi amarti,
Perché va bene nutrire il cervello,
Ma devi prenderti cura di tutto il castello,
Perché se cedono le mura,
Anche la torre, non è più sicura.

Gioia

Voglio darti una benedizione,
Ma ti prego di fare attenzione,
Non pensare sia scontata,
Altrimenti va sprecata.
Io ti auguro la felicità ,
Ed una buona dose di serenità,
Lunghi abbracci, e cuori sani,
Amore, colto a piene mani,
Ti auguro soldi ed abbondanza,
La salute, e la costanza,
Di vedere sempre il lato positivo,
Di avere mai, un atteggiamento passivo,
Di inebriarti, ogni giorno, con la vita,
Anche quando la luce, sembra svanita,
Perché è facile essere sereni con il sole,
Ma quando è buio ce ne vuole,
Invece io ti auguro di capire,
Che sei tu ,la luce da seguire,
Perché se ci affidiamo, al fato ed alla gente,
Che sembra sempre sofferente,
E che ci spegne le emozioni,
E non distingue le stagioni,
Che si lamenta del freddo e del caldo,
Che vorrebbe, in modo spavaldo,
Avere tutto, senza dare niente,
Ed alla gioia, resta indifferente,
Allora si, la nostra luce potrebbe soffocare,
Ma io ti auguro di illuminare,
Illuminare tutto, con la tua fierezza,
Di essere faro, anche in mezzo alla pochezza.

Il Secchio

Le donne le amo tutte,
Che siano sane o distrutte,
Che siano dolci e delicate
O stronze ed incazzate,
Che siano buone e socievoli,
O perfide e stucchevoli,
Le amo se sono forti,
Quelle che proprio non sopporti,
Le amo se sono deboli,
Per molti più confortevoli,
Le amo se sono grintose,
Per molti spaventose,
Le amo anche quando non si amano,
Quelle sfatte, le chiamano,
Le amo quando non sono materne,
Quando non hanno l'istinto delle caverne,
Che le vuole procreatrici a tutti i costi,
Mentre loro sono agli opposti.
Le amo generose e seducenti,
Le amo semplici ed intelligenti .
Le amo tutte, perché mi ci rispecchio,
Quando guardo dentro quel secchio,
Che è la vita mia passata,
Fatta di alti, bassi e qualche scivolata ,
E va bene esser santa, e va bene essere puttana,
E va bene tutto, per restar sana,
Che non vuol dire essere in linea con l'altrui pensiero,
Ma solo aver a mente, qual'è stato il tuo sentiero,

Guardare con amore le tue cadute,
E rimirare le scelte argute,
Tutto serve sul tuo cammino,
Gli errori fungono da cerino,
Illuminano la strada davanti,
E rendono le gambe, meno pesanti,
Perchè ora lo sai dove si va,
Basta un passo, per spostarti da qua.

Spiritualità

In giro, c'è questa convinzione,
Per cui una persona buona,
debba esser priva di reazione,
Se lo spirito hai elevato,
Devi sopportare, e non fare un fiato,
Se sei buona di cuore,
Impara a gestire il malumore,
Che non si dica, che sei migliore,
Se non sopporti ogni scocciatore.
Allora vi spiego questa verità,
Ma già so, che non vi piacerà .
La persona, che intraprende il cammino,
Spesso accade, che cambi il suo destino,
Che non è sopportare ogni singolo stolto,
Perché l'emozione, le si leggerebbe in volto,
Ma comprende che il mondo è vario,
E con molto rispetto, tra voi, metterà un divario,
Non vi urlerà parolacce,
Nè sopporterà le vostre minacce,
Semplicemente uscirete dalla sua vita,
Dopo la lezione impartita,
Dicendovi ciò che pensa,
Con amore e tolleranza.
Se buoni si vuole restare,
Mente e cuore puliti, dobbiamo lasciare,
Non farci contaminare dall'altrui livore,
Neanche farci contaminare dal malumore,
E se a volte, vi sembriamo un po' distaccati,
Invece di sentirvi beati,

Provate a guardarvi, con gli occhi spalancati,
Richiamate a voi la vostra coscienza,
Ed apprezzate la nostra pazienza,
Per aver ignorato tanta tracotanza,
Potevamo mandarvici, a quel paese,
Ma poi ne avremmo pagate le spese,
Quindi ci allontaniamo, con grazia e velocità ,
Augurandovi pace e serenità .

Il Momento Giusto

Ho imparato dalla vita,
Come è facile, essere smentita.
Ci sbrighiamo a far progetti,
Lasciando i sogni nei cassetti,
Pensi non ti mancheranno,
E prima o poi la smetteranno,
Di sbattere e scalciare,
Capiranno, che devono aspettare.
Aspettare cosa? Il momento giusto?
Lo trovo uno scherzo di cattivo gusto,
Quel momento non arriva mai,
Perchè ogni fase, ha i suoi guai,
Prima è troppo presto, poi troppo tardi,
Poi ad un certo punto, indietro guardi,
Ed il momento giusto, c'è sempre stato,
Solo che tu non l'hai fermato,
Convinto di non esser pronto,
E sulla paura, volevi uno sconto,
Hai rimandato e procrastinato,
E quel momento non è mai arrivato.
Adesso ti dirò una verità,
Spero non ti ferirà,
È sempre stato il momento giusto,
Per ridere di gusto e creare trambusto,
Per scuotere la vita,
E vincere la partita,
Aiutato da quel sogno nel cassetto,
Che, anche se a nessuno l'hai detto,
Non hai mai dimenticato,
Ed a cui non hai rinunciato.

Non esiste una giusta età,
Inizia a stabilire le priorità,
E diciamolo con sincerità,
La prima è la tua felicità.

Se lo vuoi lo ottieni

Non esiste fortuna, non esiste destino,
Fattelo dire da questo cretino,
Che tutti, fanno passare per matto,
A volte, veramente con poco tatto,
Ma una verità ha scoperto,
Anche non essendo un esperto,
Ovvero, che la vita è una nostra responsabilità,
Non una questione di probabilità,
Se lo vuoi, lo ottieni,
Non è una cosa da alieni,
Crederci fermamente,
ed agire consapevolmente,
Non perdere tempo dietro lagne e timori,
Ma lavorare e scaldare i motori,
Avere fede nelle proprie capacità,
Non perdere mai la lucidità,
Dare alle emozioni il giusto valore,
Enfatizzare le belle, e ridimensionare il dolore,
Sapere, che una cosa accadrà certamente,
Se la desideri fermamente,
Forse non nel modo in cui avevi sperato,
Sono infinite le vie del creato,
Ma non devi rinunciare,
Non lasciarti scoraggiare,
La pazienza è la prima prova,
Ogni giorno si rinnova,
Non basta averla per 5 minuti,

C'è bisogno di farsi arguti,
E modificare quel brutto atteggiamento,
Se si vuole poi giovamento,
Nessuno dice sia facile e gestibile,
Ma di certo non è impossibile,
Nessun desiderio, viene esaudito facilmente,
Anche il genio lo sapeva, ovviamente,
E chiedeva di formulare bene il pensiero,
Perché ciò che otterremo, non è un mistero,
Ma il frutto della nostra richiesta,
Che dopo tanto, si fa manifesta.
Se la richiesta faremo in sete di doni e necessità,
La risposta sarà la siccità,
Se chiederemo nella gioia e ringraziando,
Presto fatto, sarà il comando.
Quindi, adesso, prova a chiedere senza la lagna,
Dimostra di esserne degna,
E quando l'abbondanza avrai ottenuto,
Ringrazierai questo sconosciuto.

Essere Speciali

Io mi sento diverso!
Non ho una strada, non ho un verso,
Non ho uno stile, non ho un nome,
Mi distingue solo il mio cognome,
Che però, non mi identifica,
E la confusione, non giustifica.
Che poi, sarà davvero confusione?
Questo dicono le persone,
Devi avere un atteggiamento,
ed un colore preferito,
Definirti casual, artista o agguerrito,
Mantenere sempre la tua collocazione,
Non rischiare di fare confusione,
Che se sei austero,
ed esplodi in una fragorosa risata,
Spaventi la gente, che va avvisata.
Non puoi essere hippie,
ed indossare il doppiopetto,
Sembra che a tutti, tu voglia fare dispetto,
Non puoi confondere le persone,
Se ami il rosa, e poi vesti nero carbone,
Se dici di essere intelligente,
E tutti ti vedono già presidente,
Ed improvvisamente ti metti a ballare,
E senza avviso, pure a cantare.
Se sei bella devi curarti,
Non è concesso trascurarti,
E la persona ottimista
Non può cambiare punto di vista,
Se un giorno non riesce il bello a vedere,
E sui problemi soprassedere,

Ci siamo costruiti delle celle,
Che ci parevan pure belle,
Quando pensavamo che la porta fosse aperta,
Se fossimo partiti, un giorno, alla scoperta,
Ma l"idea che abbiamo di noi stessi,
Ci fa contenti e poi fessi,
Perché al momento ci sembra originale,
Poi con il tempo diventa banale,
Inserita in questo schema, senza via d"uscita,
Diventa con noi stessi, un"eterna partita,
Ed allora giudichiamo, chi invece fa la differenza,
Perchè ci sembra privo di coerenza,
Quando invece vorremmo fare lo stesso,
Mentre lui, è rimasto fedele a se stesso,
Non ha alzato un muro, per sentirsi originale,
Ed è questo che lo ha reso speciale,
Cambia abito al cambiar della stagione,
Se è felice bene, se è triste, se ne fa una ragione,
Non si preoccupa di essere qualcuno,
Non deve piacere a nessuno,
Solo a se stesso deve dare conto,
Ed a chi lo critica, non fa sconto,
Non ha la necessità di piacere a tutti,
Ed a scremar, poi, si raccolgono i frutti.

Rami Secchi

Liberati dei rami secchi,
Rapporti vuoti e vecchi,
Non hai bisogno di vivere nelle moltitudine,
Spesso c'è molta più solitudine,
In un posto pieno di gente,
Che in una stanza piena di niente,
Non hai bisogno di chi ti affonda,
guarda negli occhi chi ti circonda,
Lo vedi chi ti vuole bene veramente,
O chi te lo dice, ma in fondo mente,
Perché non sono tante,
le persone disposte ad amarti,
Gli amici devi dividerli in parti,
La parte di quelli di circostanza,
Che sono sempre abbastanza,
La parte di quelli di vecchia data,
Con cui la vita sembra si sia fermata,
Si rimane ancorati ai ricordi di bambini,
Anche se le scelte, hanno deviato i destini,
Poi ci sono gli amici recenti,
Con cui siete sempre sorridenti,
L'amicizia è ancora fresca di sapere,
E pensi su qualcosa, di poter soprassedere,
Ora ti sfido a fare questo,
Prendi ogni contesto,
E guarda dentro attentamente,
Cosa rappresenta per te, tutta questa gente,
Togli chi ti fa del male e chi ti critica continuamente,

Togli chi non crede in te e chi ti giudica aspramente,
Elimina chi non è sincero,
Poi a seguire, chi vede tutto nero,
Elimina gli invidiosi,
Ma ancora più i livorosi,
Quelli che per te non han rispetto,
Elimina chi non è corretto,
Chi non ti capisce,
Chi sul tuo cuore infierisce,
Non aver rimorsi neanche sui parenti,
Un detto dice, che a volte son serpenti.
Non fare sconti a nessuno,
Anche se avrai dubbi su qualcuno,
Che allontanarli,
Non vuol dire eliminarli,
Semplicemente togliere loro il potere,
Di darti Gioia o dispiacere,
In base al loro umore giornaliero,
Credendo di sapere ciò che è vero.
Se saprai fare bene questa selezione,
Rimarran ben poche persone,
Mah accidenti, sono quelle giuste,
Che ti Saran vicino nelle notti infauste,
Che ti rialzeranno nei giorni più neri,
E sosterranno con complimenti sinceri.
Gli altri salutali con amore e con rispetto,
Non gli stai facendo dispetto,
Stai solo amando te stesso,
Eliminando il compromesso.

Ho'oponopono

Ho un mantra perfetto per tutti,
Senza troppi costrutti,
Sono poche semplici parole,
Che illuminano la vita e riportano il sole,
La prima cosa che devi dire,
È ti prego, perdonami, senza svenire,
Perché scusa e perdono sono parole complicate,
Ma su di te vanno riversate,
Devi perdonarti per ciò che non è stato,
Per il desiderio mai confessato,
Perché non hai seguito i tuoi istinti,
E ti sei vestito di sorrisi finti,
Soffocando i tuoi bisogni primari,
Per assecondare doveri ordinari.
La seconda parola è mi dispiace,
E qui, a volte, la bocca tace,
Non riusciamo proprio a pronunciarla,
Questa parola vorremmo bruciarla,
Ma anche stavolta,
Sempre a noi è rivolta,
Con amore e compassione,
Comprendiamo la nostra missione,
Che non è colpevolizzare quel bambino,
Ma amarlo e renderlo divino,
Fargli capire che non ha commesso errori,
E dissipare tutti i suoi timori,
Che poi diventano nostri compagni,
E creano nell'anima, grossi ristagni.

La terza parola è grazie, ovviamente,
Perché dobbiamo essere fieri, teniamolo a mente,
Ringraziarci per non aver mai mollato,
Tutti gli ostacoli, abbiamo saltato.
Ultima cosa che dobbiamo dedicarci,
È un ti amo, che ci spinga ad amarci,
E di quanta meraviglia siamo, ricordarci.
Che ci aiuti a guardarci fieri a rimirarci ogni dì,
Per riprendere in mano quel sogno lì,
Che ci avrebbe reso felici,
Ed avrebbe guarito le cicatrici.
Così serve un mantra per darci una mano,
Ti prego perdonami, mi dispiace, grazie, ti amo.

Attraverso i vostri occhi

Mi piace quando mi guardate,
E vi vedo che rimuginate,
Su questa mamma a volte un po' strana,
E forse non completamente sana,
Perchè la testa fa rimestare troppo,
E spesso trova qualche intoppo,
Ha sogni grandi e pretenziosi,
modi di fare a volte boriosi,
Perché ha perso troppo tempo a compiacere,
Ed ora non è più un grado di tacere,
Quella voce che le viene da dentro,
Un fiore, che alla fine, spacca il cemento.
Ed è ciò, che a voi vorrei insegnare,
Mai, la vostra anima, dovrete silenziare,
Perché poi tanto, arriverà il momento,
In cui prevarrà lo sgomento,
Di aver perso tempo a procrastinare,
Quando dovevate agire, fare, scardinare,
Vecchie paure e vecchie credenze,
Che sono lì, come oscure presenze,
Non ci lasciano spiccare il volo,
Tenendoci troppo ancorati al suolo.
Non vi sto mostrando una strada dritta,
È fatta di bivi, ponti e qualche sconfitta,
Che però non vi deve scoraggiare,
È fondamentale nella vita sbagliare,
Serve per crescere e migliorare,
E la mira perfezionare.
Quindi bimbe mie, prendete il vostro arco,

Guardatevi intorno, trovate un varco,
Nei muri fatti di banali costrizioni,
Tendete forte forte, prendete la mira,
e scagliate le intenzioni,
Che siano grandi ed impetuose,
Che superino le strade tortuose,
Che arrivino esattamente lì nel centro,
Dove della gioia risiede il sentimento,
E lo costringano a spandersi per il mondo,
Su e giù e tutto in tondo.
Poi voi correte veloce, verso quella crepa,
che avete creato,
Dove l'amore risiede beato,
Buttatevi a capofitto nella vita,
E la paura abbandonate lì, stordita,
Dai sorrisi e dalla consapevolezza,
Di vivere per sempre in armonia e pienezza.

Ti prego perdonami,
mi dispiace, grazie,
ti amo.

Indice

Erika Graziano

Printed in Great Britain
by Amazon

31965643R00040